Wie man Ikigai ist

Das japanische Geheimnis eines zielgerichteten Lebens entschlüsseln

MIKIO OTAKE

Inhaltsverzeichnis

Einleitung: Die Suche nach einem Zweck

Im Laufe der Geschichte haben sich die Menschen mit der grundlegenden Frage auseinandergesetzt: Was gibt dem Leben einen Sinn? In unserem unermüdlichen Streben nach einem Ziel haben wir Philosophien, Religionen und Ideologien aus der ganzen Welt erforscht. Doch eingebettet in die reiche kulturelle Vielfalt Japans gibt es ein Konzept, das eine überzeugende Antwort bietet: Ikigai.

Ikigai, ein Begriff, der sich einer einfachen Übersetzung entzieht, verkörpert die Schnittstelle zwischen Leidenschaft, Mission, Berufung und Beruf. Es stellt den Sweet Spot dar, an dem das, was Sie lieben, was Sie gut können, was die Welt braucht und wofür Sie belohnt werden können, zusammenkommt. Dieses elegante Konzept legt nahe, dass jeder einen einzigartigen Daseinsgrund hat, einen

Zweck, der sowohl dem Einzelnen als auch der Gesellschaft Freude und Erfüllung bringt.

In unserer schnelllebigen, oft chaotischen modernen Welt war die Relevanz von Ikigai noch nie so ausgeprägt. Während wir uns durch die Komplexität von Berufswahl, persönlichen Beziehungen und gesellschaftlichen Erwartungen navigieren, geraten viele ins Wanken und sehnen sich nach einem Kompass, der sie bei ihren Entscheidungen und Zielen leiten kann. Ikigai bietet einen Rahmen, um in einer Zeit ständiger Ablenkung und wechselnder Prioritäten Ausgeglichenheit und Sinn zu erreichen.

Darüber hinaus bekämpfen die Prinzipien von Ikigai die wachsende Epidemie von Burnout und mangelndem Engagement an Arbeitsplätzen weltweit. Durch die Ermutigung des Einzelnen, sein Handeln an seinen Grundwerten und Stärken auszurichten, fördert diese Philosophie nachhaltige Zufriedenheit und Produktivität. In einer Zeit, in der psychische Gesundheit und

Wohlbefinden zunehmend als entscheidend anerkannt werden, bietet Ikigai einen ganzheitlichen Lebensansatz, der sowohl persönliches als auch berufliches Wachstum fördert.

Dieses Buch dient Ihnen als Begleiter auf dem Weg zur Entdeckung und Akzeptanz Ihres eigenen Ikigai. Wir vertiefen uns in den historischen und kulturellen Kontext dieses japanischen Konzepts und erforschen seine vier Schlüsselelemente und wie sie ineinandergreifen, um eine sinnvolle Existenz zu schaffen. Durch praktische Übungen, Beispiele aus dem wirklichen Leben und umsetzbare Strategien lernen Sie, Ihre Leidenschaften zu erkennen, Ihre Fähigkeiten zu verbessern und Ihre täglichen Aktivitäten mit Ihrem tieferen Sinn für Ziele in Einklang zu bringen.

Im weiteren Verlauf erhalten Sie Einblicke, wie Ikigai auf verschiedene Aspekte des Lebens angewendet werden kann, von Karriereentscheidungen bis hin zu persönlichen

Beziehungen und Engagement in der Gemeinschaft. Wir untersuchen, wie diese Philosophie Ihnen helfen kann, Hindernisse zu überwinden, sich an Veränderungen anzupassen und die Widerstandsfähigkeit gegenüber Herausforderungen zu bewahren.

Am Ende dieser Erkundung werden Sie mit den Werkzeugen ausgestattet sein, um Ihr Ikigai nicht nur zu entdecken, sondern es vollständig zu leben. Dabei geht es nicht nur darum, Ihren Zweck zu finden; es geht darum, es in jeder Facette Ihres Lebens zu verkörpern und eine Welle Wirkung zu erzeugen, die weit über Ihre individuelle Erfahrung hinausgeht.

Begeben Sie sich auf diese transformative Reise und entdecken Sie, wie die alte Weisheit von Ikigai ihren Weg zu einem sinnvollen, ausgeglicheneren und freudigen Leben in unserer komplexen modernen Welt erhellen kann.

Kapitel 1: Die Ursprünge und Philosophie von Ikigai

Das Konzept des Ikigai, einem Eckpfeiler der japanischen Philosophie, prägt seit Jahrhunderten die Einstellung der Nation zum Leben und zum Zweck. Um ihre tiefgreifenden Auswirkungen wirklich zu erfassen, müssen wir in Japans reiche kulturelle Vielfalt eintauchen und erforschen, wie sich diese Idee im Laufe der Zeit entwickelt hat.

Historischer Kontext von Ikigai in der japanischen Kultur

Die Wurzeln von Ikigai lassen sich bis in die Heian-Zeit (794-1185) zurückverfolgen, eine Ära, die für ihre kulturelle Raffinesse bekannt war. Der Begriff selbst ist eine Mischung aus „iki" (生き), was Leben bedeutet, und „gai" (甲斐), was Wert oder Wert bedeutet. Diese sprachliche Mischung bringt auf wunderbare

Weise die Essenz der Wertfindung in der eigenen Existenz auf den Punkt.

Während Japan verschiedene historische Epochen durchlief, passte sich das Konzept des Ikigai an und gewann an Tiefe. Während der Edo-Zeit (1603–1868), einer Zeit strenger sozialer Schichtung, gewann die Idee, in der eigenen gesellschaftlichen Rolle einen Sinn zu finden, an Bedeutung. Samurai, Handwerker, Kaufleute und Bauern versuchten jeweils, in ihrem jeweiligen Bereich einen Sinn zu entdecken, um zur sozialen Harmonie beizutragen und gleichzeitig die individuelle Erfüllung anzustreben.

Die Meiji-Restauration (1868) markierte einen Wendepunkt für Japan und damit auch für das Konzept des Ikigai. Als sich das Land rasch modernisierte und westliche Einflüsse einströmte, standen traditionelle Ideen vor neuen Herausforderungen. Dennoch erwies sich Ikigai als widerstandsfähig und passte sich an, neue

Vorstellungen von Berufung und persönlichen Bestrebungen in seinen Rahmen zu integrieren.

Nach dem Zweiten Weltkrieg, als Japan sich aus den Trümmern des Konflikts wieder aufgebaut hatte, erlangte Ikigai neue Bedeutung. Viele fanden Trost und Orientierung in dieser Weisheit der Vorfahren und nutzten sie als Orientierungshilfe während des bemerkenswerten wirtschaftlichen Aufschwungs des Landes. Die legendäre Arbeitsmoral des japanischen Volkes in dieser Zeit beruhte oft auf einem tiefen Sinn für Zielstrebigkeit, der sich an den Ikigai-Prinzipien orientierte.

Die vier Elemente: Leidenschaft, Mission, Berufung und Beruf

Während das traditionelle Konzept von Ikigai ganzheitlich und miteinander verbunden ist, stellen sich moderne Interpretationen es oft als die Konvergenz von vier Schlüsselelementen vor:

1. **Leidenschaft (Was du liebst):** Dazu gehören Aktivitäten und Beschäftigungen, die Freude und Erfüllung bringen, unabhängig von ihrem praktischen Wert.

2. **Mission (Was die Welt braucht):** Dieses Element konzentriert sich darauf, wie das eigene Handeln einen Beitrag zur Gesellschaft leisten und positive Veränderungen bewirken kann.

3. **Beruf (Was du gut kannst):** Dies stellt die Fähigkeiten, Talente und Fachgebiete einer Person dar.

4. **Beruf (Wofür Sie bezahlt werden können):** Dadurch wird der wirtschaftliche Aspekt angesprochen und sichergestellt, dass die eigenen Aktivitäten finanzielle Stabilität bieten können.

Das ideale Ikigai liegt an der Schnittstelle dieser vier Elemente und schafft ein harmonisches Gleichgewicht zwischen persönlicher

Zufriedenheit und gesellschaftlichem Beitrag. Dieses Modell ist zwar eine neue Ergänzung des Konzepts, fängt aber wirkungsvoll die Essenz der ganzheitlichen Natur von Ikigai ein.

Ikigai vs. westliche Konzepte von Sinn und Glück

Obwohl Ikigai einige Gemeinsamkeiten mit westlichen Vorstellungen von Sinn und Glück aufweist, bietet es eine einzigartige Perspektive, die es von anderen abhebt:

1. **Balance vs. Individualismus:** Westliche Philosophen betonen oft die individuelle Erfüllung, während Ikigai die Wichtigkeit betont, persönliche Wünsche mit gesellschaftlichen Bedürfnissen in Einklang zu bringen.

2. **Prozess vs. Ziel:** Viele westliche Ansätze betrachten Zweck als ein zu erreichendes Ziel.

Ikigai wird jedoch als eine lebenslange Reise des Wachstums und der Verfeinerung angesehen.

3. **Alltagspraxis vs. großer Zweck:** Westliche Ideen konzentrieren sich häufig auf die Suche nach einem einzigen, übergreifenden Zweck. Ikigai ermutigt dazu, in alltäglichen Aktivitäten und kleinen Momenten einen Sinn zu finden.

4. **Harmonie vs. Leistung:** Während westliche Konzepte Glück oft mit Erfolg und Leistung verbinden, betont Ikigai die Harmonie zwischen verschiedenen Aspekten des Lebens.

5. **Kollektives vs. individuelles Glück:** Ikigai erkennt an, dass die persönliche Erfüllung eng mit der eigenen Rolle in der Gemeinschaft verbunden ist, im Gegensatz zu einigen westlichen Ideologien, die das individuelle Glück über alles andere stellen.

Ikigai bietet einen differenzierten, ausgewogenen Ansatz für ein zielgerichtetes Leben. Es ermutigt Einzelpersonen, Harmonie zwischen ihren Leidenschaften, Fähigkeiten, gesellschaftlichen Beiträgen und Lebensunterhalt zu finden. Denken Sie bei der Erkundung praktischer Anwendungen in den folgenden Kapiteln daran, dass Sie mit der Einführung von Ikigai nicht nur eine Selbsthilfe Technik anwenden, sondern an einer reichen kulturellen Tradition teilnehmen, die in unserer sich ständig verändernden Welt weiterhin Weisheit bietet.

Diese aus Jahrhunderten japanischer Kulturentwicklung entstandene Philosophie bietet eine einzigartige Perspektive, durch die wir unseren Platz in der Welt und unsere Suche nach Sinn betrachten können.

Kapitel 2: Selbstfindung: Identifizieren Sie Ihre Leidenschaften

Auf der Reise nach Ikigai bildet die Selbstfindung den Grundstein unserer Suche. Dieses Kapitel befasst sich mit der Kunst, Ihre wahren Leidenschaften ans Licht zu bringen, eine Praxis, die tief in der japanischen Tradition der Introspektive verwurzelt ist. Indem Sie Ihre innere Landschaft erkunden, beginnen Sie, den Weg zu einem zielgerichteteren Leben zu erhellen.

Übungen zum Aufdecken verborgener Interessen

Der Prozess der Selbstfindung in der japanischen Kultur erfordert oft achtsame Reflexion und geduldige Beobachtung. Um Ihre latenten Interessen ans Licht zu bringen, sollten Sie diese kulturell inspirierten Übungen in Betracht ziehen:

1. **Shukan Nikki (Wochentagebuch):** Führen Sie einen Monat lang täglich ein Protokoll über Aktivitäten, die Freude oder Neugier wecken. Denken Sie am Ende der Woche über Muster nach, die sich abzeichnen. Diese Praxis ähnelt der japanischen Tradition, saisonale Tagebücher zu führen, und hilft dabei, wiederkehrende Themen zu identifizieren, die Sie interessieren.

2. **Kintsugi der Erfahrungen:** Inspiriert von der Kunst, zerbrochene Töpferwaren mit Gold zu reparieren, erstellen Sie eine visuelle Karte Ihrer Lebenserfahrungen. Heben Sie Momente echter Aufregung oder Erfüllung mit goldenen Linien hervor und enthüllen Sie die verborgene Schönheit Ihrer Reise und mögliche Leidenschaften.

3. **Hansei (Selbstreflexion):** Beteiligen Sie sich an einer tiefen Selbstbeobachtung, indem Sie sich selbst bohrende Fragen stellen: Bei welchen

Aktivitäten verlieren Sie den Überblick über die Zeit? Zu welchen Themen fühlen Sie sich ständig hingezogen? Diese Praxis, die an die Zen-Meditation erinnert, kann Interessen offenbaren, die durch alltägliche Routinen verdeckt werden.

Analyse von Kindheit Träumen und Erwachsenen Wünschen

In der japanischen Kultur herrscht die Überzeugung vor, dass sich unsere wahre Natur oft schon in der Kindheit manifestiert, bevor gesellschaftliche Erwartungen unseren Weg bestimmen. Um sich wieder mit Ihrem authentischen Selbst zu verbinden:

1. **Furusato no Yume (Heimatstadt Träume):** Denken Sie über die Wünsche Ihres jüngeren Ichs nach. Wovon hast du geträumt? Welche Aktivitäten haben Ihnen unbändige Freude bereitet? Diese kindlichen Ambitionen enthalten oft Hinweise auf Ihre echten Leidenschaften.

2. **Gaman zu Kaishin (Ausdauer und Erneuerung)**: Untersuchen Sie, wie sich Ihre Wünsche entwickelt haben. Welche Träume bleiben trotz der Herausforderungen des Lebens bestehen? Diese anhaltenden Wünsche könnten auf Ihre wahre Berufung hinweisen.

3. **Ikigai-Zeitleiste**: Erstellen Sie eine visuelle Darstellung Ihres Lebens und markieren Sie entscheidende Momente, die Ihre Ziele geprägt haben. Suchen Sie nach wiederkehrenden Themen oder unerfüllten Wünschen, die auf unterdrückte Leidenschaften hinweisen könnten.

Überwindung von Angst und Selbstzweifeln bei der Verfolgung von Leidenschaften

Das japanische Konzept von „Ganbaru" – trotz Widrigkeiten sein Bestes geben – kann uns bei der Auseinandersetzung mit den Ängsten helfen, die das Streben nach Leidenschaft behindern:

1. **Kintsugi des Geistes:** So wie die Kunst des Kintsugi zerbrochene Töpferwaren in etwas Schönes verwandelt, können Sie Ihre wahrgenommenen Fehler oder vergangenen Misserfolge als einzigartige Stärken neu definieren. Dieser Perspektivwechsel kann das Selbstvertrauen bei der Verfolgung Ihrer Leidenschaften stärken.

2. **Kaizen Ansatz:** Verfechten Sie die Philosophie der kontinuierlichen Verbesserung. Anstatt das Streben nach Leidenschaft als einen zu entmutigen, den Sprung zu betrachten, unterteilen Sie es in kleine, überschaubare Schritte. Dieser Ansatz minimiert überwältigende Gefühle und baut Schwung auf.

3. **Schönes Support-System:** Bauen Sie inspiriert von der okinawanischen Tradition gegenseitiger Selbsthilfegruppen einen Kreis vertrauenswürdiger Personen auf, die Ihnen auf Ihrer Reise Ermutigung und Verantwortung bieten können.

4. **Wabi-Sabi-Denkweise:** Übernehmen Sie die Ästhetik, Schönheit in Unvollkommenheit zu finden. Erkennen Sie, dass der Weg zur Verfolgung Ihrer Leidenschaften nicht fehlerfrei sein muss; Gerade seine Unvollkommenheiten machen es einzigartig.

5. **Shoganai-Annahme:** Während „Es lässt sich nicht ändern" vielleicht fatalistisch erscheinen mag, kann dieses Konzept eine Stärkung sein. Akzeptieren Sie die Faktoren, die außerhalb Ihrer Kontrolle liegen, und konzentrieren Sie sich stattdessen auf umsetzbare Schritte hin zu Ihrer Leidenschaft.

Die Identifizierung Ihrer Leidenschaften ist eine zutiefst persönliche Reise, die Geduld, Selbstbeobachtung und Mut erfordert. Indem Sie diese japanisch inspirierten Ansätze anwenden, werden Sie beginnen, die Fäden Ihrer wahren Interessen zu entwirren und sie in das Gefüge Ihrer Ikigai einzuwerben.

Denken Sie daran, um es mit den Worten des japanischen Autors Haruki Murakami zu sagen: „Was passiert, wenn Menschen ihr Herz öffnen? "Es geht ihnen besser." Wenn Sie Ihr Herz für Ihre authentischen Leidenschaften öffnen, machen Sie den ersten entscheidenden Schritt zur Verkörperung Ihres Ikigai.

Kapitel 3: Passen Sie Ihre Fähigkeiten an die Bedürfnisse der Welt an

Beim Streben nach Ikigai ist es von größter Bedeutung, die persönlichen Fähigkeiten mit den gesellschaftlichen Anforderungen in Einklang zu bringen. In diesem Kapitel wird das empfindliche Gleichgewicht zwischen individuellen Talenten und kollektiven Bedürfnissen untersucht, ein Konzept, das tief in der japanischen Kultur verwurzelt ist.

Identifizieren Sie Ihre einzigartigen Talente und Stärken

Die japanische Philosophie des „Kaizen" – kontinuierliche Verbesserung – untermauert den Prozess des Erkennens und Verfeinerns der eigenen Fähigkeiten. Betrachten Sie diese Ansätze:

1. **Shokunin-Geist:** Erleben Sie die Denkweise eines Meisterhandwerkers. Wie die Sushi-Köche, die Jahre damit verbracht haben, die Kunst der Reiszubereitung zu perfektionieren, widmen Sie sich der Beherrschung Ihres Handwerks. Diese gezielte Hingabe bringt oft verborgene Talente zum Vorschein.

2. **Hansei-Reflexion:** Beteiligen Sie sich an einer ehrlichen Selbsteinschätzung, einer Praxis, die für die geschäftliche und persönliche Entwicklung Japans von wesentlicher Bedeutung ist. Denken Sie über vergangene Erfolge und Misserfolge nach, um wiederkehrende Stärken zu identifizieren.

3. **Senpai-Kohai-Feedback:** Bitten Sie Mentoren und Kollegen um Input. In der japanischen Kultur bietet diese hierarchische Beziehung wertvolle Einblicke in die eigenen Fähigkeiten aus verschiedenen Perspektiven.

4. **Zuordnung der Ikigai-Fähigkeiten:**
Erstellen Sie eine visuelle Darstellung Ihrer
Fähigkeiten und kategorisieren Sie sie in
technische Fähigkeiten, Soft Skills und
einzigartige Eigenschaften. Diese von
japanischen Organisationstechniken inspirierte
Übung bietet einen umfassenden Überblick über
Ihr Toolkit.

Marktanforderungen und gesellschaftliche Bedürfnisse verstehen

Um sich an den Aspekt „Was die Welt braucht"
von Ikigai anzupassen, muss man ein
ausgeprägtes Bewusstsein für die
gesellschaftlichen Anforderungen entwickeln:

1. **Nemawashi-Netzwerk:** Beteiligen Sie sich an
einer sorgfältigen Konsensbildung hinter den
Kulissen. Diese japanische Geschäftspraxis kann
angepasst werden, um Markttrends und

Community-Bedürfnisse durch informelle Diskussionen und den Aufbau von Beziehungen zu verstehen.

2. **Genchi Genbutsu („Geh und sieh!):** Beobachten Sie Ihre Community oder Branche direkt und engagieren Sie sich mit ihr. Dieses von Toyota abgeleitete Prinzip stellt Erfahrungen aus erster Hand gegenüber Informationen aus zweiter Hand in den Vordergrund.

3. **Keiretsu-Analyse:** Studieren Sie vernetzte Geschäftsbeziehungen in Ihrem Bereich, ähnlich dem japanischen Konglomerat Struktur. Diese ganzheitliche Betrachtung kann Lücken und Chancen im Markt aufdecken.

4. **Mottainai-Denkweise:** Übernehmen Sie diesen japanischen Ausdruck, um Ihr Bedauern über die Verschwendung auszudrücken. Identifizieren Sie gesellschaftliche Probleme oder Ineffizienzen, die Sie mit Ihren Fähigkeiten beheben könnten, und schaffen Sie so einen Mehrwert.

Den Schnittpunkt zwischen Fähigkeiten und Nachfrage finden

Der Kern von Ikigai liegt darin, den optimalen Punkt zu finden, an dem persönliche Fähigkeiten auf gesellschaftliche Bedürfnisse treffen:

1. **Ensō-Kartierung:** Verwenden Sie dieses Zen-Konzept eines handgezeichneten Kreises, der Erleuchtung darstellt. Erstellen Sie überlappende Kreise Ihrer Fähigkeiten, Leidenschaften und identifizierten gesellschaftlichen Bedürfnisse. Der Schnittpunkt stellt mögliche Ikigai-Pfade dar.

2. **Übungswörter:** Nehmen Sie die Idee, standardisierte Formen zu üben, von den Kampfkünsten. Experimentieren Sie mit der Anwendung Ihrer Fähigkeiten auf unterschiedliche gesellschaftliche Bedürfnisse und verfeinern Sie Ihren Ansatz mit jeder Iteration.

3. **Ringi-Entscheidungsfindung:** Nutzen Sie diesen Bottom-up-Kooperationsprozess, der in japanischen Unternehmen zum Einsatz kommt. Schlagen Sie verschiedene Möglichkeiten vor, Ihre Fähigkeiten auf gesellschaftliche Bedürfnisse anzuwenden, und holen Sie dabei Feedback und Verfeinerung von vertrauenswürdigen Beratern ein.

4. **Shinkansen-Denken:** So wie der Hochgeschwindigkeitszug das Transportwesen revolutionierte, indem er ein gesellschaftliches Bedürfnis mit modernster Technologie erfüllte, überlegen Sie, wie Sie Ihre einzigartigen Fähigkeiten innovativ einsetzen können, um aufkommende gesellschaftliche Herausforderungen zu bewältigen.

5. **Ikebana-Balance:** Streben Sie wie bei der Kunst des japanischen Blumenarrangements nach einem harmonischen Gleichgewicht zwischen Ihren Fähigkeiten und den Marktanforderungen. Manchmal kann die

kleinste Fähigkeit den perfekten Akzent setzen, um das Arrangement zu vervollständigen.

Die Anpassung Ihrer Fähigkeiten an die Bedürfnisse der Welt ist ein dynamischer Prozess, der Selbsterkenntnisse, Marktkenntnisse und kreative Problemlösung erfordert. Durch die Übernahme dieser japanisch inspirierten Ansätze können Sie das komplexe Zusammenspiel zwischen individuellen Talenten und gesellschaftlichen Anforderungen bewältigen.

Erinnern Sie sich an die Worte von Jiro Ono, dem renommierten Sushi-Meister: „Sobald Sie sich für Ihren Beruf entschieden haben, müssen Sie sich in Ihre Arbeit vertiefen. Sie müssen sich in Ihre Arbeit verlieben. Beschweren Sie sich niemals über Ihren Job. "Sie müssen Ihr Leben widmen." Die Beherrschung Ihrer Fähigkeiten ist das Erfolgsgeheimnis und der Schlüssel zu einer ehrenvollen Anerkennung.

Kapitel 4: Die Kunst der Achtsamkeit im Ikigai

Das Streben nach Ikigai ist untrennbar mit Achtsamkeit verbunden, einem Konzept, das tief in der japanischen Kultur verwurzelt ist. In diesem Kapitel wird untersucht, wie die Kultivierung des Bewusstseins Ihren Weg zu Ziel und Erfüllung erhellen kann.

Einführung in japanische Achtsamkeit Praktiken

Japans reiches spirituelles Erbe hat zahlreiche Achtsamkeit Traditionen hervorgebracht, von denen jede einzigartige Einblicke in die Kunst der Wahrnehmung des gegenwärtigen Augenblicks bietet:

1. **Zazen:** Diese aus dem Zen-Buddhismus stammende Sitzmeditationspraxis legt Wert darauf, den Geist zu entleeren und Gedanken

ohne Anhaftung zu beobachten. Praktizierende stehen oft vor einer leeren Wand, was symbolisiert, dass Ablenkungen beseitigt werden.

2. **Shikantaza:** Übersetzt bedeutet diese Soto-Zen-Praxis „einfach sitzen" und beinhaltet die Aufrechterhaltung eines Zustands wacher Aufmerksamkeit, ohne sich auf ein bestimmtes Objekt oder einen bestimmten Gedanken zu konzentrieren oder dieses abzulehnen.

3. **Erheben:** Naikan ist eine Methode der Selbstreflexion und beinhaltet das Nachdenken über drei Fragen: Was habe ich von anderen erhalten? Was habe ich anderen gegeben? Welche Probleme und Schwierigkeiten habe ich anderen verursacht?

4. **Morita-Therapie:** Dieser von Shoma Morita entwickelte Ansatz legt Wert darauf, die eigenen Gefühle zu akzeptieren, ohne zu versuchen, sie zu kontrollieren, und konzentriert sich stattdessen auf zielgerichtetes Handeln.

Tägliche Rituale für mehr Selbstbewusstsein

Die Integration von Achtsamkeit in das tägliche Leben ist der Schlüssel zur Entwicklung des Selbstbewusstseins, das für die Entdeckung und das Leben Ihres Ikigai notwendig ist:

1. **Chanoyu (Teezeremonie):** Während eine vollständige Teezeremonie jeden Tag unpraktisch sein mag, kann die achtsame Zubereitung und der Konsum von Tee als Moment der Besinnung und Dankbarkeit dienen.

2. **Shodo (Kalligraphie):** Die Praxis des achtsamen Schreibens, auch wenn es nur ein paar Minuten am Tag dauert, kann Konzentration und Präsenz fördern.

3. **Kintsugi-Journaling:** Inspiriert von der Kunst, zerbrochene Töpferwaren mit Gold zu reparieren, beenden Sie jeden Tag damit, über

herausfordernde Momente nachzudenken und diese mit positiven Erkenntnissen zu reparieren.

4. Shinrin-yoku (Waldbaden): Regelmäßiges Eintauchen in die Natur, auch im städtischen Grün, kann ein Gefühl der Verbundenheit und Präsenz fördern.

5. Ikigai-Reflexion: Denken Sie vor dem Schlafengehen über die Momente Ihres Tages nach, die am besten zu Ihrem Sinn für Ziele passen.

Achtsamkeitsübungen zur Klärung Ihres Ikigai

Diese Übungen, die in japanischen Achtsamkeit Traditionen verwurzelt sind, können Ihnen dabei helfen, Ihren Weg zum Ikigai zu erhellen:

1. Ensō-Meditation: Zeichnen Sie in einer fließenden Bewegung einen Kreis und betrachten Sie dann seine Unvollkommenheiten.

Diese Zen-Praxis fördert die Akzeptanz der dem Leben innewohnenden Unvollständigkeit und die ständige Reise hin zu Ikigai.

2. **Kaizen-Achtsamkeit:** Konzentrieren Sie sich auf einen kleinen Aspekt einer täglichen Aufgabe und verfeinern Sie Ihr Bewusstsein kontinuierlich. Diese Praxis der kontinuierlichen Verbesserung kann tiefere Einblicke in Ihre Fähigkeiten und Leidenschaften ermöglichen.

3. **Ikigai-Mandala:** Erstellen Sie eine visuelle Darstellung Ihrer Ziele, Fähigkeiten, Leidenschaften und Bedürfnisse der Welt. Meditieren Sie regelmäßig über dieses Mandala, damit neue Verbindungen und Erkenntnisse entstehen.

4. **Mushin No Shin (Geist ohne Verstand):** Nehmen Sie mit völliger Präsenz an einer vertrauten Aktivität teil und lassen Sie bewusste Gedanken los. Dieser Fließzustand kann Aspekte Ihres Ikigai offenbaren, die Sie möglicherweise übersehen haben.

5. **Gaman-Reflexion:** Denken Sie über Momente der Ausdauer in Ihrem Leben nach. Diese Praxis, in Würde auszuharren, kann verborgene Stärken und Werte aufdecken, die für Ihr Ikigai von zentraler Bedeutung sind.

Denken Sie bei diesen Achtsamkeitsübungen an die Worte von Thich Nhat Hanh, der stark vom japanischen Zen beeinflusst ist: „Der gegenwärtige Moment ist voller Freude und Glück. "Wenn Sie aufmerksam sind, werden Sie es sehen.“

Bei der Achtsamkeit beim Streben nach Ikigai geht es nicht darum, Klarheit zu erzwingen, sondern darum, Raum zu schaffen, damit Einsichten auf natürliche Weise entstehen können. Indem Sie diese Praktiken in Ihr tägliches Leben integrieren, entwickeln Sie das nötige Bewusstsein, um Ihr einzigartiges Ziel zu erkennen und zu verkörpern.

Kapitel 5: Die vier Elemente von Ikigai ausbalancieren

Die Essenz von Ikigai liegt in der harmonischen Integration von vier lebenswichtigen Elementen: Leidenschaft, Mission, Berufung und Beruf. Dieses Kapitel untersucht die Kunst, dieses empfindliche Gleichgewicht zu erreichen, und lässt sich dabei von japanischen Weisheiten und zeitgenössischen Beispielen inspirieren.

Strategien zur Harmonisierung von Leidenschaft, Mission, Berufung und Beruf

1. **Kaizen Ansatz:** Verfechten Sie die Philosophie der kontinuierlichen Verbesserung. Anstatt sofort nach dem perfekten Gleichgewicht zu streben, konzentrieren Sie sich auf kleine, schrittweise Anpassungen in jedem Bereich Ihres Lebens.

2. **Ikigai-Mapping:** Erstellen Sie eine visuelle Darstellung Ihrer aktuellen Situation und platzieren Sie Ihre Aktivitäten und Wünsche innerhalb der vier sich überschneidenden Kreise von Ikigai. Diese Übung, die an traditionelle japanische Kunstpraktiken erinnert, kann Bereiche aufzeigen, die Aufmerksamkeit erfordern.

3. **Wabi-Sabi-Denkweise:** Übernehmen Sie dieses ästhetische Prinzip, Schönheit in Unvollkommenheit zu finden. Erkennen Sie, dass die Reise in Richtung Ikigai noch andauert und dass Ungleichgewichte Wachstumschancen bieten können.

4. **Konsensbildung in Nemawashi:** Wenn Sie bedeutende Veränderungen im Leben vornehmen, um sich an Ihrem Ikigai auszurichten, beziehen Sie wichtige Interessengruppen in Ihrem Leben durch einen sorgfältigen, geduldigen Dialog ein – eine Praxis, die der japanischen Geschäftskultur entlehnt ist.

5. **Shokunin-Geist:** Gehen Sie jedes Element Ihres Ikigai mit der Hingabe eines Meisterhandwerkers an. Diese Denkweise fördert Exzellenz und Erfüllung in allen Lebensbereichen.

Fallstudien von Personen, die Ikigai erreicht haben

1. **Hayao Miyazaki:** Der renommierte Animator und Filmemacher verkörpert Ikigai durch seine Leidenschaft für das Geschichtenerzählen, seine Mission, Staunen zu wecken, seine Berufung als Künstler und seinen Beruf in der Animationsbranche.

2. **Marie Kondo:** Die Organisationsberaterin fand ihren Ikigai, indem sie ihre Leidenschaft für das Aufräumen in eine Mission verwandelte, anderen zu helfen, eine einzigartige Berufung zu entwickeln und einen erfolgreichen Beruf aufzubauen.

3. **Shinya Yamanaka:** Dieser Nobelpreisträger für Medizin vereinte seine Leidenschaft für die Forschung, seine Mission, die Gesundheitsversorgung voranzutreiben, seine Berufung als Wissenschaftler und seinen Beruf als Stammzellenforscher.

4. **Ise Jingus Schreinwächter:** Diese engagierten Menschen verkörpern Ikigai durch ihre Leidenschaft für Traditionen, ihre Mission zur Bewahrung des kulturellen Erbes, ihre Berufung zu spirituellen Praktiken und ihren Beruf in der Schrein Pflege.

Behebung häufiger Ungleichgewichte

1. **Überbetonung des Berufs:** Wenn der finanzielle Erfolg andere Elemente in den Schatten stellt, denken Sie über das Konzept „Mottainai" (Vermeidung von Verschwendung) nach. Denken Sie darüber nach, wie Ihre

Fähigkeiten und Ihr Erfolg in eine umfassendere Mission gelenkt werden können.

2. **Vernachlässigte Leidenschaft:** Wenn die täglichen Pflichten persönliche Interessen in den Schatten stellen, integrieren Sie „Yutori" (Geräumigkeit) in Ihren Zeitplan. Nehmen Sie sich Zeit für Aktivitäten, die Ihre Leidenschaft entfachen.

3. **Fehl ausgerichteter Beruf:** Wenn Sie das Gefühl haben, dass Ihre Fähigkeiten nicht ausreichend genutzt werden, erkunden Sie die Ikebana-Prinzipien. Finden Sie beispielsweise beim Arrangieren von Blumen kreative Möglichkeiten, Ihre einzigartigen Talente in Ihrer aktuellen Rolle zu präsentieren oder nach neuen Möglichkeiten zu suchen.

4. **Unklare Mission:** Wenn Sie sich von einem größeren Ziel getrennt fühlen, üben Sie „Hansei" (Selbstreflexion). Beteiligen Sie sich an einer tiefen Selbstreflexion über Ihre Werte und den Einfluss, den Sie auf der Welt haben möchten.

5. **Burnout durch Überengagement:** Wenn das gleichzeitige Streben nach allen Elementen zur Erschöpfung führt, wenden Sie das „Ma"-Konzept des negativen Raums an. Schaffen Sie bewusst Pausen und Grenzen, um das Gleichgewicht zu wahren.

Denken Sie beim Navigieren in diesen Elementen an die Worte von Kenichi Ohmae, dem japanischen Organisationstheoretiker: „Härteres Rudern hilft nicht, wenn das Boot in die falsche Richtung fährt." Regelmäßige Reflexion und Anpassung sind entscheidend für die Aufrechterhaltung des Gleichgewichts von Ikigai.

Denken Sie daran, dass das Erreichen eines perfekten Gleichgewichts nicht das Ziel ist. Streben Sie stattdessen nach einer dynamischen Harmonie, die sich mit Ihrem Wachstum und Ihren Lebensumständen entwickelt. Das japanische Konzept von Nagare oder Fluss legt nahe, dass Gleichgewicht nicht statisch, sondern ein kontinuierlicher, adaptiver Prozess ist.

Kapitel 6: Ikigai in Beziehungen und Gemeinschaft

In der japanischen Kultur geht das Konzept des Ikigai über die individuelle Erfüllung hinaus und umfasst die eigene Rolle im breiteren sozialen Gefüge. In diesem Kapitel wird untersucht, wie Beziehungen und gemeinschaftliches Engagement für die Entdeckung und das Leben des eigenen Ikigai von wesentlicher Bedeutung sind.

Die Rolle sozialer Verbindungen bei der Sinnfindung

1. **Ittai Kan (Gefühl der Einheit):** Die japanische Gesellschaft betont die Bedeutung von Harmonie und kollektivem Wohlbefinden. Das Erkennen Ihrer Verbundenheit mit anderen kann Ihre einzigartige Rolle und Ihren Zweck innerhalb der Gemeinschaft verdeutlichen.

2. **Nakama (enge Freunde):** In Japan halten diese Bindungen oft ein Leben lang und dienen als Spiegel der Selbstreflexion. Authentische Beziehungen können Einblicke in Ihre Stärken und Leidenschaften bieten und Sie zu Ihrem Ikigai führen.

3. **Senpai-Kohai-Dynamik:** Dieses hierarchische Mentorensystem, das an japanischen Schulen und Arbeitsplätzen üblich ist, erleichtert das persönliche Wachstum und die Entdeckung von Zielen durch Anleitung und gegenseitiges Lernen.

4. **En (Schicksalhafte Begegnungen):** Die Japaner glauben an die Bedeutung zufälliger Begegnungen. Wenn Sie offen für neue Verbindungen bleiben, können sich unerwartete Möglichkeiten ergeben, die zu Ihrem Ikigai passen.

Aufbau eines unterstützenden Netzwerks, das auf Ihr Ikigai abgestimmt ist

1. **Schöne Kreise:** Inspiriert von sozialen Selbsthilfegruppen in Okinawa können Sie einen Kreis von Personen mit ähnlichen Werten oder Zielen gründen oder sich einem Kreis anschließen. Diese Gruppen bieten Verantwortung, Ermutigung und gemeinsame Weisheit.

2. **Nemawashi-Netzwerk:** Übernehmen Sie diese japanische Geschäftspraxis der sorgfältigen Konsensbildung hinter den Kulissen. Pflegen Sie Beziehungen mit Bedacht und suchen Sie nach Verbindungen, die zu Ihrem Ziel passen.

3. **Ibasho (Ort der Zugehörigkeit):** Identifizieren oder schaffen Sie Räume, in denen Sie sich wirklich zu Hause fühlen. Dies können physische Orte oder Gemeinschaften sein, die Ihr Ikigai fördern und ein Zugehörigkeitsgefühl vermitteln.

4. **Kizuna (Anleihen):** Stärken Sie Beziehungen, die Ihre Reise unterstützen. In der japanischen Kultur hat die Qualität von Bindungen oft Vorrang vor der Quantität, wodurch tiefe, bedeutungsvolle Verbindungen gefördert werden.

5. **Engawa-Prinzip:** Schaffen Sie, ähnlich wie der Übergangsbereich in der traditionellen japanischen Architektur, „Pufferzonen" in Ihrem sozialen Leben, in denen verschiedene Gruppen interagieren können, was möglicherweise zu neuen Ikigai-orientierten Möglichkeiten führt.

Mit Ihrem Ikigai einen Beitrag zu Ihrer Gemeinschaft leisten

1. **Gaman (Ausdauer) mit Ziel:** Kanalisieren Sie diese japanische Tugend der Beharrlichkeit in Richtung gemeinnütziger Arbeit. Konsequentes, langfristiges Engagement kann zu

tiefgreifender Wirkung und persönlicher Erfüllung führen.

2. **Ikigai-Freiwilligenarbeit:** Bringen Sie Ihre einzigartigen Fähigkeiten und Leidenschaften in Einklang mit den Bedürfnissen der Gemeinschaft. Dieser zielgerichtete Ansatz gewährleistet einen sinnvollen Beitrag und fördert gleichzeitig Ihre Zielstrebigkeit.

3. **Kodomo No Tame Ni (Um der Kinder willen):** Überlegen Sie, wie Ihr Ikigai künftigen Generationen zugute kommen kann. Diese in der japanischen Kultur übliche langfristige Perspektive kann Ihrem Ziel Tiefe verleihen.

4. **Machizukuri (Gemeinschafts Aufbau):** Beteiligen Sie sich an lokalen Verbesserungsprojekten oder initiieren Sie diese. Dieser Basisansatz zur Gemeindeentwicklung kann ein kraftvoller Ausdruck von Ikigai sein.

5. **Omotenashi-Geist:** Verkörpern Sie dieses japanische Konzept der selbstlosen

Gastfreundschaft in Ihren Interaktionen mit der Gemeinschaft. Indem Sie die Bedürfnisse anderer priorisieren, entdecken Sie möglicherweise neue Facetten Ihres eigenen Ziels.

6. **Satoyama-Initiative:** Suchen Sie, inspiriert von der japanischen Praxis des harmonischen Landlebens, nach Möglichkeiten, menschliche Aktivitäten mit dem ökologischen Wohlergehen in Ihrer Gemeinde in Einklang zu bringen.

Erinnern Sie sich an die Worte des Anthropologen Chie Nakane: „Das japanische Selbst wird durch seine Interaktion mit anderen definiert." Wenn Sie Ihr Ikigai im Kontext von Beziehungen und Gemeinschaft erkunden, werden Sie möglicherweise feststellen, dass Ihr Ziel klarer und wirkungsvoller wird.

Indem Sie Ihr Ikigai in das Geflecht Ihrer sozialen Verbindungen und Ihres Engagements in der Gemeinschaft einbinden, bereichern Sie nicht nur Ihr eigenes Leben, sondern tragen auch zum kollektiven Wohlbefinden bei. Dieser vernetzte Sinn Ansatz steht im Einklang mit der japanischen Weltanschauung von Individuen als integralen Bestandteilen eines größeren Ganzen.

Kapitel 7: Hindernisse auf Ihrer Ikigai-Reise überwinden

Der Weg zu Ikigai verläuft selten reibungslos und bringt oft Herausforderungen mit sich, die unsere Entschlossenheit auf die Probe stellen. In diesem Kapitel geht es um die japanische Weisheit, wie man mit den unvermeidlichen Hürden des Lebens umgeht und sicherstellt, dass Hindernisse zu Trittsteinen und nicht zu Stolpersteinen auf dem Weg zum Ziel werden.

Umgang mit Rückschlägen und Misserfolgen

1. **Kintsugi-Philosophie:** Machen Sie sich die Kunst zu eigen, zerbrochene Töpferwaren mit Gold zu reparieren und sehen Sie Misserfolge als Chance für Wachstum und Schönheit. Jeder Rückschlag kann Ihrer Ikigai-Reise einen einzigartigen Wert verleihen.

2. **Hansei (Selbstreflexion):** Üben Sie diese japanische Methode der ehrlichen Selbsteinschätzung nach Misserfolgen. Analysieren Sie Rückschläge ohne Selbsteinschätzung und konzentrieren Sie sich dabei auf gewonnene Erkenntnisse und Verbesserungsmöglichkeiten.

3. **Shoganai-Denkweise:** Nehmen Sie diese Haltung der Akzeptanz gegenüber unkontrollierbaren Umständen ein. Lenken Sie Ihre Energie auf Aspekte, die Sie beeinflussen können, anstatt das Unveränderliche zu beklagen.

4. **Kaizen Ansatz:** Wenden Sie dieses Konzept der kontinuierlichen Verbesserung auf Rückschläge an. Teilen Sie große Fehler in kleinere, überschaubare Bereiche auf, um sie schrittweise zu verbessern.

5. **Gaman (Ausdauer) mit Gnade:** Kultivieren Sie diese Tugend der würdevollen Beharrlichkeit angesichts von Widrigkeiten. Betrachten Sie

Herausforderungen als Gelegenheiten, Ihren Charakter und Ihr Engagement für Ihr Ikigai zu stärken.

Anpassung an Veränderungen und Unsicherheit

1. **Ukiyo (Floating World) Perspektive:** Entwickeln Sie, inspiriert von der Ästhetik der Edo-Zeit, eine Denkweise, die die Vergänglichkeit des Lebens anerkennt. Diese Flexibilität ermöglicht eine einfachere Anpassung an unerwartete Änderungen.

2. **Shoshin (Anfängergeist):** Gehen Sie neue Situationen mit Offenheit und Begeisterung eines Neulings an. Dieses Zen-Konzept fördert die Neugier und verringert die Angst vor dem Unbekannten.

3. **Wabi-Sabi-Wertschätzung:** Finden Sie Schönheit in Unvollkommenheit und Vergänglichkeit. Dieses ästhetische Prinzip kann Ihnen helfen, mit Unsicherheit umzugehen, indem es den gegenwärtigen Moment und die damit verbundenen Veränderungen wertschätzt.

4. **Nemawashi-Prozess:** Nutzen Sie diese konsensbildende Technik, wenn Sie vor großen Veränderungen im Leben stehen. Bereiten Sie Ihre Umgebung nach und nach vor und passen Sie sie an, um Ihr sich entwickelndes Ikigai zu unterstützen.

5. **Ma (negativer Raum) in der Planung:** Integrieren Sie bewusste Pausen und Flexibilität in Ihre Lebenspläne. Dieses Konzept aus der japanischen Kunst bietet Raum für unerwartete Möglichkeiten und Veränderungen.

Techniken zur Aufrechterhaltung von Motivation und Belastbarkeit

1. **Ikigai-Tagebuch:** Führen Sie ein Tagebuch, in dem Sie Momente voller Sinn und Freude dokumentieren. Das Nachdenken über diese Einträge in schwierigen Zeiten kann die Motivation neu entfachen.

2. **Mokuteki (Ziel) Visualisierung:** Visualisieren Sie regelmäßig Ihre Ikigai-ausgerichteten Ziele. Diese auf Shinto-Meditationstechniken basierende Praxis kann die Entschlossenheit in schwierigen Zeiten stärken.

3. **Shu-Ha-Ri-Fortschritt:** Wenden Sie dieses Kampfkunst Konzept auf Ihre Ikigai-Reise an:

- **Shu (gehorchen):** Befolgen Sie zunächst etablierte Muster und Ratschläge.

- **Ha (divergieren):** Beginnen Sie, diese Regeln zu hinterfragen und an Ihren individuellen Weg anzupassen.

- **Ri (Transzendieren):** Seien Sie innovativ und finden Sie Ihren eigenen Weg, indem Sie Ihr Ikigai vollständig verkörpern.

4. **Schönes Support-System:** Gründen Sie einer Gruppe oder treten Sie einer bei, die sich der gegenseitigen Ermutigung und Verantwortung widmet und von den Langlebigkeit Zirkeln Okinawas inspiriert ist.

5. **Shinrin-yoku (Waldbaden):** Tauchen Sie regelmäßig in die Natur ein, um Ihre geistige Energie wiederherzustellen und eine Perspektive für Herausforderungen zu gewinnen.

6. **Ikigai No Kata:** Entwickeln Sie eine persönliche „Form" oder Routine, ähnlich der Kampfsport-Kata, die Ihr Ziel verkörpert. Üben Sie diese Sequenz in schwierigen Zeiten, um sich wieder mit Ihren Grundwerten zu verbinden.

Erinnern Sie sich an die Worte von Miyamoto Musashi, dem legendären Schwertkämpfer: „Es gibt nichts außerhalb von Ihnen, das Sie jemals in die Lage versetzen könnte, besser, stärker, reicher, schneller oder klüger zu werden. Alles ist im Inneren. Alles existiert. "Suchen Sie nichts außerhalb von sich."

Kapitel 8: Ikigai und Karriere: Freude an der Arbeit finden

In der japanischen Kultur ist Arbeit nicht nur Mittel zum Zweck, sondern ein integraler Bestandteil der eigenen Identität und Bestimmung. In diesem Kapitel erfahren Sie, wie Sie Ihr Berufsleben mit den Prinzipien von Ikigai durchdringen und Ihre Karriere in eine Quelle der Erfüllung und Freude verwandeln können.

Anwenden der Ikigai-Prinzipien auf Ihr Berufsleben

1. **Shokunin-Geist:** Übernehmen Sie die Denkweise eines Meisterhandwerkers, unabhängig von Ihrem Fachgebiet. Dieses Engagement für Exzellenz und kontinuierliche Verbesserung kann selbst alltäglichen Aufgaben einen Sinn verleihen.

2. **Nemawashi am Arbeitsplatz:** Übernehmen Sie diese japanische Praxis der Konsensbildung. Indem Sie Ihre Arbeit an den Bedürfnissen und Zielen Ihrer Kollegen und Ihres Unternehmens ausrichten, können Sie ein harmonischeres und zielgerichteteres Arbeitsumfeld schaffen.

3. **Kaizen bei der Arbeit:** Implementieren Sie kleine, tägliche Verbesserungen in Ihren beruflichen Abläufen. Dieser Ansatz kann Ihre Arbeitserfahrung schrittweise verändern und sie Ihrem Ikigai näher bringen.

4. **Zuordnung der Ikigai-Fähigkeiten:** Bewerten Sie regelmäßig, wie Ihre aktuelle Rolle mit Ihren Leidenschaften, Fähigkeiten, den Bedürfnissen der Welt und Ihrer wirtschaftlichen Rentabilität übereinstimmt. Nutzen Sie diese Analyse als Leitfaden für Ihre berufliche Entwicklung und Entscheidungsfindung.

5. **Omoiyari (Empathie) in beruflichen Beziehungen:** Entwickeln Sie ein tiefes Verständnis für die Bedürfnisse Ihrer Kollegen

und Kunden. Dieses japanische Konzept der vorausschauenden Empathie kann zu sinnvollen und zielgerichteteren Interaktionen am Arbeitsplatz führen.

Von Ikigai geleitete Strategien für berufliche Übergänge

1. **Honne- und Tatemae-Gleichgewicht:** Navigieren Sie durch die japanischen Konzepte wahrer Gefühle (Hörner) und öffentliche Fassade (Tatemae) bei Übergängen. Behalten Sie Ihre Professionalität bei, während Sie Ihre Karriere schrittweise an Ihrem authentischen Selbst ausrichten.

2. **Sempai-Kohai-Mentoring:** Lassen Sie sich von denen beraten, die ihre Karriere erfolgreich auf ihr Ikigai abgestimmt haben. Gleichzeitig unterstützen Sie andere als Mentor, denn durch Unterrichten können Sie Ihren eigenen Weg erklären.

3. **Ikigai-Entscheidungsmatrix:** Wenn Sie berufliche Schritte in Betracht ziehen, bewerten Sie Optionen danach, wie gut sie mit allen vier Elementen von Ikigai übereinstimmen. Dieses strukturierte Vorgehen kann bei komplexen Entscheidungen Klarheit schaffen.

4. **Gaman im Wandel:** Üben Sie in der Übergangszeit die Geduld des Patienten. Seien Sie sich darüber im Klaren, dass die Ausrichtung Ihrer Karriere auf Ihr Ikigai einige Zeit in Anspruch nehmen und vorübergehende Beschwerden mit sich bringen kann.

5. **Shoshin (Anfängergeist) in neuen Rollen:** Gehen Sie mit Bescheidenheit und Lernbereitschaft an neue Positionen oder Branchen heran, unabhängig von Ihrem bisherigen Erfahrungsstand.

Unternehmertum und Ikigai: Schaffung eines zweckorientierten Unternehmens

1. **Sanpo-Yoshi-Prinzip:** Basieren Sie Ihr Geschäftsmodell auf dem Konzept der dreiseitigen Zufriedenheit aus der Edo-Zeit – gut für Käufer, Verkäufer und die Gesellschaft. Dadurch wird sichergestellt, dass Ihr Vorhaben dem Ikigai-Aspekt „Was die Welt braucht" entspricht.

2. **Ikigai Business Canvas:** Passen Sie die traditionelle Geschäftsmodell-Leinwand an, um Elemente von Ikigai einzubeziehen. Stellen Sie sicher, dass Ihr Unternehmen Leidenschaft, Mission, Beruf und Berufung in Einklang bringt.

3. **Mottainai-Denkweise im Geschäftsleben:** Wenden Sie dieses Konzept der Verschwendung vermeiden auf Ihr unternehmerisches Handeln an. Schaffen Sie ein schlankes, effizientes

Unternehmen, das die Ressourcen maximiert und die Umweltbelastung minimiert.

4. **Wa (Harmonie) in Führung:** Fördern Sie in Ihrem Team ein Gefühl der Einheit und des gemeinsamen Ziels. Dieses japanische Prinzip kann eine Arbeitskultur schaffen, in der sich jeder mit dem Ikigai des Unternehmens verbunden fühlt.

5. **Takumi-Handwerkskunst in Produkten/Dienstleistungen:** Verleihen Sie Ihren Angeboten die Hingabe und Liebe zum Detail eines Handwerksmeisters. Dieses Bekenntnis zur Qualität kann Ihr zweckorientiertes Unternehmen von anderen abheben.

6. **Omotenashi im Bereich Kundenbeziehungen:** Implementieren Sie dieses japanische Konzept der uneingeschränkten Gastfreundschaft in Ihrem Kundenservice. Indem Sie sich wirklich um die

Bedürfnisse Ihrer Kunden kümmern, richten Sie Ihr Unternehmen besser auf seinen Zweck aus.

Erinnern Sie sich an die Worte von Konosuke Matsushita, dem Gründer von Panasonic: „Der Zweck eines Unternehmens besteht darin, der Gesellschaft zu dienen und dabei Gewinne zu erwirtschaften." Diese Perspektive bringt die Integration von Ikigai und Karriere perfekt auf den Punkt.

Kapitel 9: Ikigai und Wellness: Körper und Geist pflegen

In der japanischen Kultur ist das Streben nach einem Ziel untrennbar mit ganzheitlichem Wohlbefinden verbunden. In diesem Kapitel wird untersucht, wie körperliche und geistige Gesundheit mit Ikigai verknüpft sind und wie traditionelle japanische Wellness-Praktiken Ihren Weg zu einem sinnvollen Leben verbessern können.

Der Zusammenhang zwischen körperlicher Gesundheit und Lebenszweck

1. **Gesundheit zuerst:** Dieses japanische Sprichwort betont den Vorrang der Gesundheit bei allen Unternehmungen. Ein lebendiger Körper liefert die Energie und Klarheit, die Sie brauchen, um Ihrem Ikigai nachzugehen.

2. **Shokuiku (Ernährungserziehung):** Verstehen Sie den japanischen Ernährung Ansatz als Grundlage für Wohlbefinden. Achtsame Essgewohnheiten unterstützen sowohl die körperliche Gesundheit als auch die geistige Klarheit, die für die Verwirklichung Ihres Lebensstils unerlässlich sind.

3. **Hara Hachi Bu:** Üben Sie dieses okinawanische Prinzip des Essens, bis Sie zu 80 % satt sind. Diese Gewohnheit fördert die Langlebigkeit und erhöht die Leistungsfähigkeit des Körpers aufrecht, sodass Sie Ihr Ikigai nachhaltig verfolgen können.

4. **Rajio Taiso (Radio Calisthenics):** Machen Sie täglich leichte Übungen, eine gängige Praxis in Japan. Regelmäßige Bewegung hält den Körper beweglich und den Geist scharf und erleichtert die aktive Auseinandersetzung mit Ihrem Ziel.

5. **Seiza und Haltung:** Entwickeln Sie ein Bewusstsein für die Ausrichtung Ihres Körpers.

Eine gute Haltung, wie sie beim traditionellen japanischen Sitzen praktiziert wird, kann das Energieniveau und die geistige Konzentration steigern.

Einbeziehung japanischer Wellness-Praktiken

1. **Shinrin-yoku (Waldbaden):** Tauchen Sie regelmäßig in die Natur ein. Diese Übung reduziert Stress, stärkt das Immunsystem und bietet Raum zum Nachdenken über Ihr Ikigai.

2. **Onsen-Therapie (heiße Quelle):** Nutzen Sie die heilende Wirkung des mineralreichen Wassers. Regelmäßiges Baden kann den Körper beruhigen und den Geist beruhigen und so optimale Voraussetzungen für die Verfolgung Ihres Ziels schaffen.

3. **Shodo (Kalligraphie):** Praktizieren Sie diese Kunstform, um Achtsamkeit zu kultivieren und

die Konzentration zu verbessern. Die meditativen Bewegungen können Klarheit in Ihre Gedanken über die Richtung Ihres Lebens bringen.

4. **Chanoyu (Teezeremonie):** Beteiligen Sie sich an der achtsamen Zubereitung und dem Konsum von Tee. Dieses Ritual fördert die Präsenz und kann als tägliche Erinnerung an Ihr Ikigai dienen.

5. **Kintsugi-Leben:** Wenden Sie die Philosophie hinter dieser Kunst, zerbrochene Keramik zu reparieren, auf Ihre Wellness-Routine an. Akzeptieren Sie Unvollkommenheiten und Rückschläge als Teil Ihres Wachstums in Richtung Ikigai.

6. **Boketto (mit leerem Blick):** Gönnen Sie sich Momente scheinbaren Nichtstuns. Diese Praxis, die Gedanken schweifen zu lassen, kann Kreativität anregen und neue Perspektiven für Ihr Ziel eröffnen.

Aufrechterhaltung der psychischen Gesundheit bei der Ausübung Ihres Ikigai

1. **Prinzipien der Morita-Therapie:** Akzeptiere deine Gefühle, ohne zu versuchen, sie zu ändern. Dieser von der japanischen Psychiaterin Shoma Morita entwickelte Ansatz kann die Angst vor der Suche nach oder der Verfolgung Ihres Ikigai verringern.

2. **Reflexion anregen:** Üben Sie diese strukturierte Methode der Selbstreflexion. Wenn Sie regelmäßig darüber nachdenken, was Sie erhalten und gegeben haben und welche Probleme Sie verursacht haben, können Sie auf Ihrer Ikigai-Reise Perspektive und Dankbarkeit bewahren.

3. **Wabi-Sabi-Denkweise:** Akzeptieren Sie Unvollkommenheit und Vergänglichkeit bei der Verfolgung Ihres Ziels. Dieses ästhetische Prinzip kann den Druck lindern, nach einem „perfekten" Ikigai zu suchen.

4. **Ikigai-Journaling:** Führen Sie ein Tagebuch, in dem Sie Ihre Gedanken, Fortschritte und Herausforderungen dokumentieren. Diese Praxis kann Klarheit schaffen und als Werkzeug zur Verarbeitung von Emotionen dienen.

5. **Ma (negativer Raum) in der Planung:** Bauen Sie bewusste Pausen in Ihre Routine ein. Diese Momente der Leere können einem Burnout vorbeugen und spontane Erkenntnisse über den eigenen Weg ermöglichen.

6. **Shisa Kanko (Zeigen und Rufen):** Passen Sie diese Eisenbahn Sicherheitstechnik an Ihre geistige Gesundheit an. Sprechen Sie Ihre Ziele und Herausforderungen aus und gestikulieren Sie auf sie, um das Bewusstsein zu wahren und Fehleinschätzungen zu vermeiden.

Erinnern Sie sich an die Worte von Kaoru Ishikawa, dem Experten für Qualitätskontrolle: „Langfristig ist die Qualität der Humanressourcen eines Landes der wichtigste Faktor für seine Fähigkeit, eine starke und wohlhabende Gesellschaft zu werden." Diese Weisheit gilt gleichermaßen für Einzelpersonen; Die Förderung Ihres körperlichen und geistigen Wohlbefindens ist entscheidend für die vollständige Verkörperung Ihres Ikigai.

Kapitel 10: Ikigai in verschiedenen Lebensphasen

Die Reise von Ikigai ist kein statisches Ziel, sondern ein dynamischer Weg, der sich im Laufe unseres Lebens weiterentwickelt. In diesem Kapitel wird untersucht, wie sich das Konzept des Zwecks über verschiedene Lebensphasen hinweg anpasst und verändert, und bietet Einblicke in die Aufrechterhaltung eines Ikigai-Gefühls von der Jugend bis ins hohe Alter.

Sinn finden in der Jugend, im Erwachsenenalter und im Alter

Jugend (Seishun):
1. **Shoshin (Anfängergeist):** Nehmen Sie die Neugier und Offenheit an, die für die Jugend charakteristisch sind. Dieses Zen-Konzept fördert das Erforschen und Lernen, was

entscheidend für die Entdeckung früher Ahnungen des eigenen Ikigai ist.

2. **Gambaru-Geist:** Kultivieren Sie diese japanische Einstellung, um Ihr Bestes zu geben. Es fördert Belastbarkeit und Engagement, wesentliche Eigenschaften für junge Menschen, die potenzielle Ziele beschreiten.

3. **Senpai-Kohai-Beziehungen:** Beteiligen Sie sich an der Mentoring-Dynamik. Von Älteren zu lernen und Gleichaltrigen zu unterrichten kann dabei helfen, persönliche Werte und Stärken zu verdeutlichen.

Erwachsenenalter (Erlaubnis):
1. **Shokunin-Denkweise:** Entwickeln Sie die Meisterschaft in Ihrem gewählten Bereich. Die Einstellung dieses Handwerkers kann Ihre Verbindung zu Ihrer Arbeit und ihre Auswirkungen auf die Gesellschaft vertiefen.

2. **Ikuji (Kindererziehung) als Ikigai:** Finden Sie für Eltern einen Sinn darin, die nächste

Generation zu fördern, eine sehr geschätzte Rolle in der japanischen Gesellschaft.

3. **Chowa (Harmonie):** Bringen Sie persönliche Ambitionen mit familiärer und gesellschaftlicher Verantwortung in Einklang, eine zentrale Herausforderung und Sinnquelle im Erwachsenenalter.

Ältere Jahre (Kōreisha):
1. **Sōsekis Theorie des individuellen Wertes:** Denken Sie darüber nach, wie Sie „dem Leben Bedeutung verleihen" können, wie der Schriftsteller Natsume Sōseki riet. Diese Selbstbeobachtung kann in späteren Jahren neue Dimensionen von Ikigai offenbaren.

2. **Tägliche Leistung:** Machen Sie sich das Konzept der Stärkung älterer Menschen zu eigen. Bringen Sie Weisheit und Erfahrung in Ihre Gemeinschaft ein und finden Sie neue Ziele.

3. **Lebe den Moment:** Während Sie sich der Endlichkeit des Lebens bewusst sind, konzentrieren Sie sich darauf, ein erfülltes Leben zu führen. Diese Denkweise fördert im Gegensatz zum Memento Mori die aktive Auseinandersetzung mit dem Leben.

Passen Sie Ihr Ikigai an sich ändernde Lebensumstände an

1. **Nagare (Fluss):** Kultivieren Sie Anpassungsfähigkeit, wie Wasser, das um Hindernisse herum fließt. Diese Denkweise hilft dabei, Ihren Zweck an neue Lebenssituationen anzupassen.

2. **Hansei (Selbstreflexion):** Führen Sie regelmäßig eine ehrliche Selbsteinschätzung durch. Diese in der japanischen Kultur tief verwurzelte Praxis erleichtert die rechtzeitige Anpassung Ihrer Lebensrichtung.

3. **Kintsugi-Philosophie:** Betrachten Sie Veränderungen im Leben als Wachstumschancen. Betrachten Sie Übergänge wie die Kunst, zerbrochene Töpferwaren mit Gold zu reparieren, als Chancen, eine schönere Lebenserzählung zu schaffen.

4. **Yagate Shinu Keshiki (Die Szenerie der letzten Phasen des Lebens):** Schätzen Sie die Schönheit in den verschiedenen Phasen des Lebens. Dieses poetische Konzept ermutigt dazu, in jeder Phase, einschließlich des Niedergangs, einen Sinn zu finden.

5. **Shin-Gi-Tai (Geist-Technik-Körper):** Bringen Sie diese drei Elemente mit zunehmendem Alter in Einklang. Wenn sich die körperlichen Fähigkeiten ändern, passen Sie sich an, indem Sie sich mehr auf die mentalen und spirituellen Aspekte Ihres Ikigai konzentrieren.

Ein Vermächtnis hinterlassen: Ikigai und das Konzept eines gut gelebten Lebens

1. **Omotenashi-Geist:** Pflegen Sie ein Leben lang selbstlose Gastfreundschaft. Dieses Prinzip, die Bedürfnisse anderer zu antizipieren und zu erfüllen, kann eine nachhaltige positive Wirkung haben.

2. **Mottainai-Denkweise:** Lebe nachhaltig und verschwende nichts, auch nicht deine Talente und deine Zeit. Dieses Konzept stellt sicher, dass Ihr Leben einen positiven Beitrag für zukünftige Generationen leistet.

3. **Kokoro no Katachi (Form des Herzens):** Konzentrieren Sie sich auf die Kultivierung innerer Schönheit und Stärke. Diese Essenz des Charakters bildet ein Vermächtnis, das über materielle Errungenschaften hinausgeht.

4. **Satori durch Service:** Suchen Sie nach Erleuchtung, indem Sie anderen etwas Gutes tun. Dieser buddhistisch beeinflusste Ansatz

kann in späteren Jahren einen tiefgreifenden Sinn ergeben.

5. **Mikka Bozu (Drei-Tage-Mönch):** Vermeiden Sie die Gefahr kurzlebiger Begeisterung. Konsequentes, langfristiges Engagement für Ihr Ikigai schafft ein bedeutungsvolles Erbe.

6. **Wabi-Sabi-Erbe:** Akzeptieren Sie die Schönheit der Unvollkommenheit in Ihrem Lebenswerk. Wenn Sie verstehen, dass Ihre Beiträge nicht einwandfrei sein müssen, um wertvoll zu sein, kann dies zu einer kontinuierlichen Beschäftigung mit Ihrem Ikigai führen.

Erinnern Sie sich an die Worte des Haiku-Meisters Matsuo Bashō: „Jeder Tag ist eine Reise, und die Reise selbst ist die Heimat." Diese Perspektive bringt die sich im Laufe des Lebens entwickelnde Natur von Ikigai wunderbar auf den Punkt.

Kapitel 11: Der Welleneffekt: Wie sich Ihr Ikigai auf die Welt auswirkt

In der japanischen Kultur ist das Konzept der Vernetzung tief verwurzelt. In diesem Kapitel wird untersucht, wie das Leben nach Ihrem Ikigai Einfluss von Wellen erzeugt, die weit über Ihren unmittelbaren Bereich hinausgehen und nicht nur Ihr Leben, sondern auch die Welt um Sie herum prägen.

Die umfassenderen Auswirkungen eines zielgerichteten Lebens verstehen

1. **Wa-Prinzip (Harmonie):** Erkennen Sie, wie Ihr ausgeglichener Lebensstil zur gesellschaftlichen Harmonie beiträgt. Wenn Einzelpersonen ihrem Ikigai nachgehen, entsteht eine ausgeglichene, gut funktionierende Gemeinschaft.

2. **Kagizume-Effekt (Welligkeit):** Stellen Sie sich Ihre Handlungen als Kieselsteine vor, die in einen Teich geworfen werden. Ein zielgerichtetes Leben sendet Wellen positiven Einflusses nach außen und wirkt sich sogar auf diejenigen aus, denen Sie vielleicht nie begegnen.

3. **Michi No Kōshin (Pfad des Beitrags):** Verstehen Sie Ihr Ikigai als einen einzigartigen Weg des Dienens. Ihr zielgerichtetes Handeln erfüllt spezifische Bedürfnisse in der Welt, auf die nur Sie eingehen können.

4. **Ökosysteme mit Zweck:** Betrachten Sie Ihr Ikigai als Teil eines größeren Systems. Wie die voneinander abhängigen Elemente in einem japanischen Garten, interagiert Ihr Zweck mit dem Ikigai anderer und unterstützt ihn.

5. **Kokoro No Kizuna (Bindungen des Herzens):** Schätzen Sie, wie ein authentisches Leben emotionale Verbindungen stärkt. Ihr

aufrichtiges Streben nach einem Ziel findet bei anderen Anklang und fördert tiefere Beziehungen.

Inspirieren Sie andere durch Ihre Ikigai-Reise

1. **Senpai-Verantwortung:** Übernehmen Sie die Rolle eines Führers für diejenigen, die sich bereits am Anfang ihrer Ikigai-Reise befinden. Das Teilen Ihrer Erfahrungen kann anderen den Weg ebnen.

2. **Kōan des Lebens:** Lassen Sie Ihr Leben zu einem Rätsel werden, das andere zum Nachdenken anregt. Wie bei den Zen-Kōans kann Ihre einzigartige Art, Ihr Ziel zu leben, andere dazu veranlassen, ihre eigenen Wege zu hinterfragen und zu erkunden.

3. **Hansei-Kreise:** Schaffen Sie Räume für gemeinsame Reflexion. Regelmäßige Treffen,

bei denen Menschen über ihre Ikigai-Reisen diskutieren, können kollektive Inspiration und Wachstum anregen.

4. **Ikigai-Geschichtenerzählen:** Teilen Sie Ihre Geschichte in der Tradition der japanischen Erzählkunst. Persönliche Anekdoten über Ihren Weg zum Ziel können für andere starke Motivatoren sein.

5. **Shokunin-Haltung:** Zeigen Sie unerschütterliches Engagement für Ihr Handwerk. Ihr Engagement für Exzellenz bei der Verwirklichung Ihres Ziels kann andere dazu inspirieren, auf ihrem eigenen Gebiet Meister zu werden.

Positive Veränderungen durch ausgerichtetes Leben schaffen

1. **Kaizen-Revolution:** Setzen Sie kontinuierlich kleine Verbesserungen in Ihrem Einflussbereich um. Diese schrittweisen Veränderungen können,

wenn sie mit Ihrem Ikigai in Einklang gebracht werden, im Laufe der Zeit zu erheblichen positiven Veränderungen führen.

2. **Mottainai-Aktivismus:** Richten Sie Ihr Ziel auf nachhaltiges Leben aus. Ihre Ikigai-gesteuerten Aktionen können zu einer umweltbewussten Gesellschaft beitragen.

3. **Gaman für immer:** Wenden Sie das Prinzip der Geduld des Patienten an, um langfristige positive Veränderungen herbeizuführen. Beharrliche, zielgerichtete Bemühungen können scheinbar unüberwindbare gesellschaftliche Herausforderungen bewältigen.

4. **Ikigai-Innovation:** Nutzen Sie Ihre einzigartige Perspektive, um Probleme kreativ zu lösen. Ihre einzigartige Kombination aus Fähigkeiten und Leidenschaften kann zu neuartigen Lösungen für gemeinschaftliche Probleme führen.

5. **Omotenashi in Aktion:** Erweitern Sie den Geist der selbstlosen Gastfreundschaft auf Ihre zielgerichteten Aktivitäten. Dieser Ansatz kann eine Kultur der Großzügigkeit und Fürsorge in Ihrer Gemeinde schaffen.

6. **Nemawashi für Veränderung:** Bauen Sie schrittweise einen Konsens für positive Initiativen auf. Diese japanische Geschäftspraxis kann, angewendet auf Gemeinschafts-Bemühungen, zu nachhaltigen, weithin unterstützten Verbesserungen führen.

Erinnern Sie sich an die Worte des japanischen Philosophen Daisaku Ikeda: „Eine große menschliche Revolution in nur einem einzigen Individuum wird dazu beitragen, das Schicksal einer Nation zu ändern und darüber hinaus eine Änderung im Schicksal der gesamten Menschheit zu ermöglichen."

Kapitel 12: Praktische Werkzeuge für das Leben Ihres Ikigai

Zum Abschluss unserer Erkundung von Ikigai bietet dieses Kapitel konkrete Methoden, um dieses tiefgreifende Konzept in Ihr tägliches Leben zu integrieren. Diese Praktiken basieren auf japanischen Traditionen und modernen Anpassungen und helfen Ihnen dabei, Ihren Ikigai konsequent und zielgerichtet zu verkörpern.

Tägliche, wöchentliche und monatliche Ikigai-Übungen

Tägliche Rituale:

1. **Asagohan-Achtsamkeit:** Beginnen Sie jeden Tag mit einem achtsamen Frühstück und überlegen Sie, wie der bevorstehende Tag mit Ihrem Ikigai übereinstimmt.

2. **Rajio Taiso:** Machen Sie morgens Radio-Calisthenics, eine japanische Tradition, um Ihren Körper und Geist für zielgerichtetes Handeln zu stärken.

3. **Ichi-go Ichi-e-Momente:** Üben Sie sich in einer täglichen Interaktion in völliger Präsenz und verkörpern Sie dabei das Prinzip der Teezeremonie, jede Begegnung wertzuschätzen.

Wöchentliche Übungen:

1. **Reflexion anregen:** Nehmen Sie sich jede Woche Zeit für diese strukturierte Selbstreflexion und überlegen Sie dabei, was Sie erhalten und gegeben haben und welche Probleme Sie verursacht haben.

2. **Shinrin-yoku Samstage:** Nehmen Sie wöchentlich an einem Waldbad teil, um sich wieder mit der Natur und Ihrem inneren Ziel zu verbinden.

3. **Senpai-Kohai-Austausch:** Wechseln Sie wöchentlich zwischen dem Lernen von einem Mentor und dem Unterrichten eines Mentors und festigen Sie so Ihren Platz im Kreislauf von Wachstum und Zielsetzung.

Monatliche Rituale:
1. **Tsukimi-Kontemplation:** Nutzen Sie die monatliche Mondbeobachtung Tradition als Zeit für tiefere Reflexion über Ihre Ikigai-Reise.

2. **Kaizen-Rezension:** Führen Sie eine monatliche Bewertung der durchgeführten kleinen Verbesserungen durch und planen Sie die nächsten Schritte für Ihr kontinuierliches Wachstum.

3. **Ikigai Potluck:** Veranstalten Sie ein Treffen, bei dem Freunde Gerichte und Geschichten austauschen, die mit ihren Zielen zu tun haben, und so Gemeinschaft und Inspiration fördern.

Zielsetzung und Aktionsplanung im Einklang mit Ikigai

1. Nemawashi-Zielsetzung:

Ansatz: Bauen Sie mit wichtigen Menschen in Ihrem Leben nach und nach einen Konsens über Ihre Ikigai-Ziele auf.

Diese japanische Geschäftspraxis, angepasst an den persönlichen Gebrauch, stellt sicher, dass Ihre Ziele mit Ihren Beziehungen und Verantwortlichkeiten in Einklang stehen.

2. Kanban-Board für Ikigai:

Werkzeug: Erstellen Sie eine visuelle Tafel, die Aufgaben in „Zu erledigen", „Erledigen" und „Erledigt" kategorisiert und alle auf Ihr Ikigai abgestimmt ist.

Diese Methode, die aus dem Produktionssystem von Toyota stammt, hilft Ihnen, Ihre zielgerichteten Aktivitäten effizient zu verwalten.

3. **Hansei-Kai-Sitzungen:**

Üben: Halten Sie regelmäßig „Reflexionstreffen" mit sich selbst oder einer vertrauenswürdigen Gruppe ab.

Überprüfen Sie Fortschritte, erkennen Sie Fehler an und passen Sie Pläne im Sinne einer kontinuierlichen Verbesserung an.

4. **Ikigai OKRs (Ziele und Schlüsselergebnisse):**

Ansatz: Setzen Sie klare, messbare Ziele, die zu Ihrem Ikigai passen und in Schlüsselergebnisse unterteilt sind.

Dieser moderne Zielsetzung Rahmen, der von Ikigai-Prinzipien durchdrungen ist, sorgt für Klarheit und Fokus.

5. **Shokunin-Projektplanung:**

Methode: Gehen Sie jedes Ziel wie ein Meister an, mit Liebe zum Detail und der Verpflichtung zur Exzellenz.

Teilen Sie große Ikigai-Projekte in kleinere, überschaubare Aufgaben auf, die Sie im Laufe der Zeit perfektionieren können.

6. Ringi-Entscheidungsfindung:

Verfahren: Geben Sie bei wichtigen Lebensentscheidungen Ihre Ideen an vertrauenswürdige Berater weiter, bevor Sie Pläne fertigstellen.

Dieser Bottom-up-Ansatz gewährleistet eine gründliche Prüfung und Akzeptanz wichtiger Ikigai-orientierter Entscheidungen.

Erinnern Sie sich an die Worte von Miyamoto Musashi: „Es gibt nichts außerhalb von Ihnen, das Sie jemals in die Lage versetzen könnte, besser, stärker, reicher, schneller oder klüger zu werden. Alles ist in Ihrem Inneren. Alles existiert. "Suchen Sie nichts außerhalb von sich.“

Fazit: Den Ikigai-Lebensstil annehmen

Am Ende unserer Reise durch die tiefe Weisheit von Ikigai stehen wir an der Schwelle eines Lebens voller Sinn und Zweck. Dieses alte japanische Konzept, einst ein verstecktes Juwel der östlichen Philosophie, bietet heute einen Orientierungspunkt in unserer oft chaotischen modernen Welt.

Zusammenfassung der wichtigsten Ikigai-Prinzipien

1. **Harmonie der vier Elemente:** Denken Sie daran, dass wahres Ikigai an der Schnittstelle zwischen dem liegt, was Sie lieben, worin Sie gut sind, was die Welt braucht und wofür Sie belohnt werden können.

2. **Kaizen-Denkweise:** Begrüßen Sie die kontinuierliche Verbesserung in allen Aspekten

des Lebens und erkennen Sie, dass der Weg zum Ziel eine kontinuierliche Reise der Verfeinerung ist.

3. **Wabi-Sabi-Akzeptanz:** Finden Sie Schönheit in Unvollkommenheit und Vergänglichkeit und lassen Sie zu, dass sich Ihr Ziel im Laufe der Zeit auf natürliche Weise entwickelt.

4. **Omotenashi-Geist:** Gehen Sie mit aufrichtiger Gastfreundschaft an das Leben und andere heran und lassen Sie Ihr Ziel nicht nur sich selbst, sondern auch Ihren Mitmenschen dienen.

5. **Shokunin-Widmung:** Entwickeln Sie die Denkweise eines Handwerkers und gehen Sie Ihren gewählten Weg mit unerschütterlichem Engagement und Liebe zum Detail an.

Ermutigung für weiteres Wachstum und Erkundung

Denken Sie auf Ihrer Ikigai-Reise an die Worte von Matsuo Bashō: „Jeder Tag ist eine Reise, und die Reise selbst ist die Heimat." Ihre Suche nach dem Ziel ist kein Ziel, sondern ein lebenslanges Abenteuer.

1. **Umarme Shoshin:** Behalten Sie den Geist eines Anfängers und seien Sie immer offen für neue Einsichten und Erfahrungen, die Ihr Verständnis Ihres Ikigai verändern können.

2. **Übung Hansei:** Denken Sie regelmäßig darüber nach, nicht mit Urteilsvermögen, sondern mit Neugier darüber, wie Sie Ihre Ausrichtung auf Ihr Ziel vertiefen können.

3. **Kizuna kultivieren:** Pflegen Sie die Bindung zu denen, die Ihre Reise unterstützen und

inspirieren, und erkennen Sie, dass Ikigai in der Gemeinschaft gedeiht.

4. **Vertrauen Sie auf Nagare:** Erlauben Sie sich, mit den Strömungen des Lebens zu fließen und passen Sie Ihr Ziel an sich ändernde Umstände an, während Sie gleichzeitig Ihre Kernessenz bewahren.

Abschließende Gedanken zu einem zielgerichteten, japanisch inspirierten Leben

Wenn Sie den Ikigai-Lebensstil annehmen, schließen Sie sich einer Linie von Menschen an, die eine Harmonie zwischen persönlicher Erfüllung und gesellschaftlichen Beitrag gesucht haben. Dieses für die japanische Philosophie so zentrale Gleichgewicht bietet ein Gegenmittel zur oft fragmentierten Natur der modernen Existenz.

Denken Sie daran, dass es beim Leben mit Ikigai nicht darum geht, Perfektion zu erreichen, sondern nach Harmonie zu streben. Es geht darum, Freude an den täglichen Handlungen zu finden, die zu Ihrem größeren Ziel beitragen, ähnlich wie der Teemeister, der im einfachen Akt der Teezubereitung eine tiefe Bedeutung erkennt.

Lassen Sie Ihr Leben zu einem Kunstwerk werden, geleitet von den Prinzipien des Ikigai. Wie die sorgfältig platzierten Steine in einem Zen-Garten kann jede Handlung und Entscheidung zu einem größeren, schönen Ganzen beitragen. Ihr einzigartiges Ziel wird, wenn es vollständig angenommen wird, zu einem Geschenk nicht nur für Sie selbst, sondern für die Welt.

Wenn Sie dieses Buch schließen und Ihren Weg fortsetzen, tragen Sie den Geist von „Ganbaru" mit sich – mit Belastbarkeit und Entschlossenheit, Ihr Bestes zu geben. Auf Ihrer Ikigai-Reise stehen Ihnen vielleicht

Herausforderungen bevor, aber gerade durch diese Herausforderungen wird Ihr Ziel verfeinert und gestärkt.

Mit den Worten des großen Haiku-Dichters Kobayashi Issa:

„O Schnecke
Den Fuji besteigen,
"Aber langsam, langsam!"“

Möge Ihr Weg zum Leben als Ikigai stetig, zielgerichtet und zutiefst lohnend sein. Denken Sie beim Aufstieg auf Ihren eigenen Berg Fuji daran, jeden Schritt, jeden Moment und jeden Atemzug zu schätzen. Indem Sie den Ikigai-Lebensstil annehmen, finden Sie nicht nur Ihr Ziel – Sie werden es.